Vivaldi / *Concerto RV 324*

EDIZIONE CRITICA DELLE OPERE DI
CRITICAL EDITION OF THE WORKS OF

ANTONIO VIVALDI

FONDAZIONE GIORGIO CINI
ISTITUTO ITALIANO ANTONIO VIVALDI

ANTONIO VIVALDI

Concerto
per violino, archi e basso continuo

RV 324
(Op. VI n. 1)

Edizione critica   Critical Edition
a cura di   by
ALESSANDRO BORIN

RICORDI

Traduzione in lingua inglese di – English translation by Michael Talbot
Realizzazione del basso continuo a cura di - Continuo realisation by Antonio Frigè

Copyright © 2016 Casa Ricordi Srl
via Crespi, 19 – area Mac4 – 20159 Milano (MI)

PR 1442
ISBN 978-88-8192-019-8
ISMN 979-0-041-91442-8

INDICE / CONTENTS

PREFAZIONE GENERALE

L'*Edizione critica* delle opere di Antonio Vivaldi si propone di pubblicare le partiture delle tre serenate e di tutti i *drammi per musica*, nonché di tutte le sonate, i concerti e le sinfonie, a partire dalle composizioni contenute all'interno delle raccolte a stampa edite vivente l'autore (con o senza numero d'*opus*); ciascun volume, oltre alle opere autentiche trasmesse attraverso una determinata raccolta a stampa, comprende tutte le più significative varianti della tradizione manoscritta. Le composizioni strumentali testimoniate esclusivamente in forma manoscritta sono invece pubblicate in fascicoli singoli o per gruppi equieterogenei (ad esempio, sulla base dell'organico, del destinatario, della locazione delle fonti, ecc.).

I criteri che guidano l'*Edizione critica* sono analiticamente esposti nelle *Nuove norme editoriali* redatte a cura del Comitato editoriale dell'Istituto Italiano Antonio Vivaldi.[1] Se ne offre qui un estratto che descrive, nei termini indispensabili alla comprensione della partitura, la tecnica editoriale adottata.

L'edizione si propone di presentare il testo così come è ricostruibile sulla base della critica delle fonti, alla luce della prassi notazionale contemporanea e delle coeve convenzioni esecutive.

La tecnica di edizione adottata per singole opere o per gruppi di opere è illustrata nell'*Introduzione*, che contiene:

1. Una trattazione dell'origine e delle caratteristiche generali della composizione (o delle composizioni).
2. Un elenco delle fonti (comprese le fonti letterarie, quando rivestono particolare importanza).
3. Una descrizione analitica di tutte le fonti che il curatore ha collazionato o consultato, comprese le più importanti edizioni moderne.
4. Una relazione e una spiegazione relative alle scelte testuali derivanti dallo stato delle fonti e

delle loro reciproche relazioni e alle soluzioni adottate per composizioni particolarmente problematiche, non previste nella *Prefazione generale*. In particolare, viene specificato quale fonte è usata come fonte principale dell'edizione, quale (o quali) sono state collazionate, consultate o semplicemente elencate.
5. Una discussione sulla prassi esecutiva relativa alle composizioni edite.

Un *Apparato critico*, dedicato alla lezione originale e alla sua interpretazione, contiene la registrazione di tutte le varianti rispetto alla fonte principale e alle fonti collazionate.

Ogni intervento del curatore sul testo che vada al di là della semplice traslitterazione della notazione antica o che non corrisponda a un preciso sistema di conversione grafica qui segnalato, viene menzionato nell'*Apparato critico* o evidenziato attraverso l'uso di specifici segni:

1. Parentesi quadre (per indicazioni espressive o esecutive mancanti nelle fonti e aggiunte per assimilazione orizzontale o verticale; per correzioni e aggiunte del curatore laddove nessuna delle fonti fornisce, a suo giudizio, un testo corretto; per l'indicazione del testo letterario incompleto o carente sotto la linea o le linee del canto).
2. Linee tratteggiate (per legature di articolazione o di valore aggiunte dal curatore).
3. Semiparentesi quadre (per il testo musicale o letterario derivato in modo esplicito – mediante abbreviazione – o implicito da un altro rigo).

Non vengono di norma segnalati nell'edizione gli interventi del curatore nei casi seguenti:

1. Quando viene aggiunta una legatura fra l'appoggiatura e la nota principale. Questa regola vale anche nel caso di gruppi di note con funzione di appoggiatura.

---

[1] «Studi vivaldiani», 9, 2009, pp. 91-103.

2. Quando segni di articolazione (per esempio, punti di staccato) sono aggiunti a una serie di segni simili per assimilazione, sulla base di inequivocabili indicazioni della fonte.

3. Quando la punteggiatura viene corretta, normalizzata o modernizzata; lo stesso vale per l'ortografia e l'uso delle maiuscole.

4. Quando abbreviazioni comunemente usate vengono sciolte.

5. Quando pause di un'intera battuta mancanti nella fonte vengono aggiunte, non sussistendo alcun dubbio che una parte del testo musicale sia stata inavvertitamente omessa.

6. Quando vengono introdotti dal curatore segni ritmici indicanti modalità di esecuzione.

L'ordine delle parti strumentali nella partitura segue la prassi editoriale moderna.

La notazione trasposta dell'originale (per il violone, il flautino, il corno) viene mantenuta nell'edizione; nell'*Apparato critico* viene specificato l'intervallo di trasposizione dei singoli strumenti (con l'eccezione del violone). Le parti in notazione di «bassetto» (violini, viole, clarinetti, chalumeaux ecc.) sono trascritte nelle chiavi di violino e di contralto, nell'ottava appropriata.

Nell'*Apparato critico*, l'altezza dei suoni viene così citata:

Pertanto, la traslitterazione nella notazione moderna comporta l'automatica aggiunta di certe alterazioni e la soppressione di altre. Inflessioni cromatiche non esplicite nella notazione della fonte originale, ma aggiunte dal curatore, sono segnalate, quando è possibile, nella partitura, ponendo fra parentesi quadre l'alterazione o le alterazioni introdotte. Se la stessa alterazione è presente nell'armatura di chiave, ovvero appare precedentemente nella stessa battuta, mantenendo dunque, secondo le convenzioni moderne, la propria validità, l'intervento del curatore viene segnalato nell'*Apparato critico*, dove viene offerta la lezione originale. Quando si fa riferimento a note della fonte che, anche se interessate da un'inflessione cromatica, non sono precedute da alcuna alterazione (generalmente perché l'inflessione è prescritta dall'armatura di chiave), la parola o il simbolo per l'inflessione sono racchiusi tra parentesi quadre.

Il rigo del basso, che spesso si riferisce non solo agli strumenti del continuo, ma a tutti gli strumenti gravi dell'orchestra, è fornito di tutte le numeriche del basso esistenti nell'originale, stampate sotto di esso. Queste numeriche possono essere, se necessario, corrette dal curatore. Le alterazioni sono apposte davanti alle numeriche cui si riferiscono e i tratti trasversali indicanti l'alterazione cromatica di una nota sono sostituiti dal diesis o dal bequadro

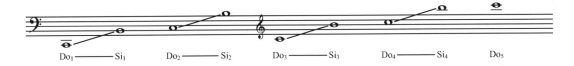

Do₁ —— Si₁   Do₂ —— Si₂   Do₃ —— Si₃   Do₄ —— Si₄   Do₅

Sono mantenute le armature di chiave originarie. L'edizione usa le seguenti chiavi: per le parti strumentali, le chiavi di violino, di contralto e di basso secondo l'uso moderno; per le parti vocali, la chiave di violino, la chiave di violino tenorizzata e la chiave di basso. Le chiavi originali o i cambiamenti di chiave sono registrati nell'*Apparato critico*.

Per quanto concerne il trattamento delle alterazioni, le fonti settecentesche della musica di Vivaldi seguono l'antica convenzione secondo la quale le inflessioni cromatiche mantengono la loro validità solamente per il tempo in cui la nota alla quale è premessa l'alterazione è ripetuta senza essere interrotta da altri valori melodici, indipendentemente dalla presenza o meno della stanghetta di battuta.

corrispondenti. L'abbassamento di un semitono di una cifra del basso precedentemente diesizzata è sempre indicata col segno di bequadro, anche se le fonti, talvolta, usano per lo stesso scopo il segno di bemolle. Le indicazioni «Solo» e «Tutti» nel basso, sempre in parentesi quadre se aggiunte dal curatore, implicano dei cambiamenti nella strumentazione della linea del basso, descritti più analiticamente nell'*Apparato critico*. Particolari figurazioni ritmiche nella linea del basso non devono necessariamente essere eseguite da tutti gli strumenti del continuo: così, veloci disegni in scala possono essere affidati ai soli strumenti ad arco; a sua volta il clavicembalo può suddividere in valori più brevi lunghe note tenute dal basso, dove questo si addica alla generale struttura ritmica del brano. Una realizzazione del basso continuo per strumento a tastiera viene fornita in un fascicolo stampato a parte.

Quando la ripetizione del *Da Capo* non è scritta per esteso (come avviene perlopiù nelle composizioni vocali), la prima sezione deve essere ripetuta dall'inizio o dal segno, sino alla cadenza della tonalità fondamentale, contrassegnata generalmente da una corona, o sino al segno. Nelle arie e in composizioni vocali simili, il *Da Capo* deve essere eseguito dal solista (o dai solisti) con nuovi abbellimenti, in armonia con il carattere ritmico e melodico del brano.

Nei recitativi, le appoggiature per la parte di canto non vengono indicate una per una nel testo dell'edizione; pertanto il cantante deve compiere sempre una scelta giudiziosa in riferimento a dove introdurle. Di norma sono richieste in tutte le formule cadenzali con un intervallo discendente prima dell'ultima sillaba accentata di una frase; se l'intervallo è una seconda o una terza maggiore o minore, la sillaba accentata è cantata un tono o un semitono sopra (secondo l'accordo sottostante) rispetto alla nota successiva; se l'intervallo è più ampio di una terza, la sillaba accentata è intonata alla stessa altezza della nota precedente. Questo vale sia che il basso abbia o non abbia una cadenza, sia che la nota dell'appoggiatura sia consonante o meno col basso. Talvolta si possono introdurre appoggiature anche all'interno di una frase, per enfatizzare certe parole, anche quando l'ultima sillaba accentata è raggiunta partendo da una nota inferiore. Ma anche in questo caso, la nota dell'appoggiatura deve essere più alta rispetto alla nota successiva; appoggiature ascendenti possono essere consigliabili in frasi che terminano con un punto di domanda o che richiedono una particolare espressività. Nei recitativi, quando non altrimenti indicato, tutte le note del basso e gli accordi corrispondenti devono essere eseguiti come «attacchi» di breve durata; questo, in particolare, nella musica vocale profana. Devono essere tenuti solo gli accordi alla fine di un recitativo, segnalati da una corona. Nei recitativi di composizioni profane non è consigliabile ritardare troppo gli accordi in corrispondenza delle cadenze. Le «cadenze posposte», nelle quali la nota del basso entra dopo che la voce ha smesso di cantare, sono suggerite nell'edizione solo per conclusioni cadenzali particolarmente importanti, mediante l'inserzione di una virgola tra parentesi sopra il rigo del basso. Dopo una cadenza, nel corso di un recitativo, si dovrebbe evitare un ritardo nell'attacco della frase successiva, a meno che una virgola tra parentesi non lo richieda espressamente.

Gli abbellimenti vocali e strumentali diversi da quelli da impiegarsi nel *Da Capo* e nei recitativi sono aggiunti dal curatore (fra parentesi quadre) se assenti nella fonte, nei punti in cui sono di norma richiesti dalle convenzioni esecutive dell'epoca di Vivaldi. Se la fonte indica o sottintende una cadenza, questo verrà specificato nell'*Apparato critico*, ma di norma non ne verrà offerta una realizzazione. Nelle arie con *Da Capo* è solitamente richiesta una cadenza almeno alla fine dell'ultima sezione, e spesso anche alla fine della seconda (quella centrale); ciò non verrà specificato caso per caso nell'*Apparato critico*, salvo laddove occorra chiarire l'esatta posizione della cadenza stessa.

GENERAL PREFACE

The *Critical Edition* of the works of Antonio Vivaldi has set itself the task of publishing the scores of the three serenatas, all the operas, and all the sonatas, concertos and sinfonias, starting with the works contained in the published collections (with or without opus number) that appeared during his lifetime. Each volume includes, in addition to the authentic works within a given published collection, the most significant variants of the manuscript tradition. However, instrumental works preserved only in manuscript sources are published individually or in groups of similar works (linked by scoring, destination, source location etc.).

The guiding principles behind the *Critical Edition* are set out in detail in the *New Editorial Norms* prepared by the Editorial Committee of the Istituto Italiano Antonio Vivaldi.[1] We give below a summary that describes, in terms essential to the understanding of the score, the editorial principles adopted.

The edition aims at maximum fidelity to the composer's intentions as ascertained from the sources in the light of the contemporary notational and performance practice.

The editorial method employed for single work or groups of works is described in the *Introduction*, which contains:

1. A statement of the origin and general characteristics of the composition (or compositions).
2. A list of the sources (including the literary sources, when these are of particular importance).
3. An analytical description of all the sources that the editor has collated or consulted, including the most important modern editions.
4. An account and explanation of decisions about the text arising from the state of the sources and their interrelationship, and of the solutions

adopted for particularly problematic compositions, unless these are already covered in the *General Preface*. In particular, it will be made clear which sources has been used as the main source of the edition, and which other (or others) have been collated, consulted or merely listed.
5. A discussion of performance practice in relation to the compositions published.

A *Critical Commentary*, concerned with original readings and their interpretation, lists all variations existing between the main source and the collated sources.

All instances of editorial intervention which go beyond simple transliteration of the old notation or which do not conform to a precise system of graphical conversion described below will be mentioned in the *Critical Commentary* or shown by special signs:

1. Square brackets (for marks of expression or directions to the performer absent in the sources or added through horizontal or vertical assimilation; for editorial corrections and additions in cases where none of the sources, in the editor's judgement, provides a correct text; for indicating that a literary text underlaid to the notes of a vocal part is incomplete or otherwise deficient).
2. Broken lines (for slurs and ties added editorially).
3. Square half-brackets (for musical or literary text derived explicitly—by means of an abbreviation—or implicitly from another stave).

Normally, the editor will intervene tacitly in the following cases:

1. When a slur linking an appoggiatura to the main note is added. This applies also to groups of notes functioning as appoggiaturas.

[1] "Studi vivaldiani", 9, 2009, pp. 91–103.

2. When marks of articulation (e.g. staccato dots) are added to a series of similar marks by assimilation and the source leaves no doubt that this is intended.
3. When punctuation is corrected, normalized or modernized; the same applies to spelling and capitalization.
4. When commonly used abbreviations are resolved.
5. When whole-bar rests absent in the source are added, there being no reason to think that a portion of musical text has inadvertently been omitted.
6. When editorial rhythmic signs indicating a manner of performance are added.

The order of the instrumental parts in the score follows modern publishing practice.

Transposing notation in the original (for violone, flautino, horn) is retained in the edition; in the *Critical Commentary* the interval of transposition of individual instruments (violone excepted) is specified. Parts in "bassetto" notation (violins, violas, clarinets, chalumeaux, etc.) are written out in the appropriate octave, using treble or alto clefs.

In the *Critical Commentary*, the pitches are cited according to the following system:

square brackets. If the same accidental is present in the key signature, the editorial intervention is recorded in the *Critical Commentary*, where the original reading is given. When reference is made to notes in the source that, even though chromatically inflected, are not prefixed by an accidental (generally because the inflection follows from the key signature), the word or symbol representing the inflection enclosed in square brackets.

The stave for the bass, which is often not only for the continuo instruments but also for all the deep instruments of the orchestra, retains all the bass figures present in the original, which are printed below it. Where necessary, these figures may be corrected by the editor. Accidentals precede the figures to which they refer, and cross-strokes indicating the chromatic inflection of a note are replaced by the equivalent sharp or natural. The lowering by a semitone of a previously sharpened bass figure is always indicated with the natural sign, although the sources sometimes use the flat sign synonymously. The directions "Solo" and "Tutti" in the bass, always in small print if editorial, call for changes in the instrumentation of the bass line, which are described more fully in the *Critical Commentary*. Particular rhythmic figurations in the bass

The original key signatures are retained. The edition employs the following clefs: for instrumental parts, treble, alto, tenor and bass clefs following modern usage; for vocal parts, treble, "tenor G" and bass clefs. Original clefs and clef changes are recorded in the *Critical Commentary*.

As regards the treatment of accidentals, the eighteenth-century sources of Vivaldi's music adhere to the old convention whereby chromatic inflections retain their validity for only so long as the note to which an accidental has been prefixed is repeated without interruption, irrespective of barlines. Conversion to modern notation thus entails the tacit addition of some accidentals and the suppression of others. Chromatic inflections not made explicit in the notation of the original source, but supplied editorially, are shown where possible in the score, the one or more accidentals entailed being enclosed in

line are not necessarily meant to be performed by all the continuo instruments: thus, rapid scales may be left to the stringed bass instruments, while the harpsichord may split sustained bass notes into shorter values, where this conforms to the general rhythm of the piece. A realization of the basso continuo for keyboard is supplied separately.

Where the *Da Capo* repeat is not written out (mostly in vocal movements), the first section has to be repeated, from the beginning or from the sign, up to the tonic cadence at the end of this section, which is usually marked by a fermata, or up to the sign. In arias and similar vocal movements, the *Da Capo* repeat should be performed by the soloist(s) with new embellishments in accordance with the rhythmic and melodic character of the piece.

In recitatives, the appoggiaturas for the singer are not indicated individually in the text of the edition;

therefore the singer must always choose judiciously where to introduce them. They are normally expected in all cadential formulas where there is a falling interval before the last accented syllable of a phrase; if this interval is a minor or major second or a major or minor third, the accented syllable is sung a tone or semitone higher (according to the harmony); if the interval is larger than a third, the accented syllable is sung at the same pitch as the preceding note. This is valid whether or not the bass actually cadences at that point, and whether or not the appoggiatura is consonant or dissonant with the bass. Occasionally, appoggiaturas can also be sung within a phrase, to lend emphasis to certain words—even when the last accented syllable is approached from below. But here, too, the appoggiatura should lie above the note following it; rising appoggiaturas may be appropriate in phrases ending with a question mark or where special expressiveness is required. In recitatives, unless otherwise indicated, all the bass notes and the chords above them should be performed with short "attacks", especially in secular vocal music. Sustained chords are limited to those at the end of a recitative marked by a fermata. In the recitatives of secular compositions it is not advisable to delay the arrival of the cadential chords. "Postponed" cadences, in which the bass note enters after the voice has finished singing, are recommended in the edition only for particularly important final cadences, and are shown by the insertion of a bracketed comma above the bass stave. After an intermediate cadence during a recitative there should be no pause before proceeding to the next phrase unless a bracketed comma indicates this specifically.

Vocal and instrumental embellishments other than those in *Da Capo* repeats and in recitatives are supplied editorially (in square brackets) if absent from the source in places where they are normally required by the performing conventions of Vivaldi's age. If the source indicates or implies a cadenza, this will be pointed out in the *Critical Commentary*, but normally no specimen of one will be supplied. In *Da Capo* arias cadenzas are usually expected at least at the end of the last section, and often also at the end of the second (middle) section; this will not be specified in the *Critical Commentary* for individual instances, except where necessary to clarify the exact position of the cadenza.

INTRODUZIONE

Il Concerto RV 324 fa parte dei *VI Concerti a cinque strumenti* dell'Op. VI di Antonio Vivaldi, pubblicati ad Amsterdam, per i tipi di Jeanne Roger, nel 1719.[1] Il frontespizio della raccolta, riportato sulla carta iniziale di ciascun libro-parte, recita:

VI CONCERTI à Cinque Stromenti, tre Violini, | Alto Viola e Basso Continuo | DI | D. ANTONIO VIVALDI | Musico di Violino, e Maestro de Concerti | del Pio Ospitale della Pietà di Venetia | OPERA SESTA | A AMSTERDAM | CHEZ JEANNE ROGER | N.° [numero di lastra] 452.

L'assenza di una dedica e del titolo di «maestro di cappella di camera» del governatore plenipotenziario di Mantova, Filippo d'Assia-Darmstadt, presso cui Vivaldi risiedeva fin dalla primavera del 1718, fanno pensare che l'edizione sia stata pubblicata senza le cure e forse senza nemmeno l'esplicito consenso dell'autore. Il testo, infatti, è inficiato da un numero particolarmente elevato di refusi e, nell'insieme, la sua struttura si discosta in modo piuttosto netto da quella di una pubblicazione modellata secondo i tradizionali canoni vivaldiani. Queste anomalie riguardano sia i criteri che regolano la distribuzione delle tonalità all'interno del volume (che vedono una chiara prevalenza di tonalità minori, una delle quali è addirittura replicata), sia la sostanziale disomogeneità delle risorse tecniche richieste al solista.

Il numero esiguo dei singoli concerti dell'Op. VI circolati indipendentemente in forma manoscritta (solo il secondo e il sesto) parrebbe escludere la possibilità che l'editore abbia concepito e realizzato la raccolta autonomamente, approvvigionandosi dal libero mercato musicale. Probabilmente egli utilizzò, smembrandola, una raccolta di dodici composizioni ricevuta direttamente dal compositore, oppure, visto che gli unici concerti singoli circolarono esclusivamente in Germania, la stampa fu realizzata a partire da un manoscritto di concerti vivaldiani venduto a un mecenate tedesco e poi giunto, chissà per quali vie, fino ad Amsterdam. In ogni caso, la pubblicazione dell'opera VI – che segue di quattro anni quella dell'Op. IV e di otto anni l'Op. III – rispecchia un preciso indirizzo del mercato editoriale, che stava gradualmente abbandonando il genere cameristico classico del primo decennio del secolo, vale dire la sonata a tre, in favore del più moderno concerto solistico.

Nel complesso, queste sei composizioni apparentemente poco pretenziose segnano un deciso passo in avanti rispetto alle prime due raccolte di concerti vivaldiani date alle stampe, sia per una più precisa definizione e controllo della forma, sia rispetto all'ormai avvenuta emancipazione dello strumento solista rispetto al resto della compagine orchestrale. Tutti e sei i concerti adottano, infatti, lo schema costruttivo articolato in tre movimenti secondo l'alternanza veloce-lento-veloce, mentre le occasionali sortite solistiche di parti diverse da quella del violino principale, ancora presenti nell'Op. IV, sono qui del tutto evitate. Sulla base delle caratteristiche tecniche e formali dei sei concerti possiamo ragionevolmente ipotizzare una datazione compresa fra il 1713 e il 1715, verso l'inizio di quella fase stilistica che nella periodizzazione proposta da Jean-Pierre Demoulin viene definita «premantovana».[2]

A questa uniformità stilistica corrisponde, inoltre, una standardizzazione nei metodi di lavorazione del prodotto editoriale vero e proprio. Roger, grazie a una rete capillare di agenti e di rivenditori sparsi un po' ovunque in Europa, ambiva infatti raggiungere una platea internazionale, formata da professionisti esperti ma anche da dilettanti alle prime armi. Le opere pubblicate nelle sue officine erano

---

[1] Un più dettagliato resoconto del quadro storico, bibliografico e musicale relativo a questi concerti è offerto nell'*Introduzione* all'edizione critica dell'intera raccolta, a cura dello scrivente, pubblicata da Casa Ricordi con il numero di catalogo PR 1404.

[2] JEAN-PIERRE DEMOULIN, *A propos de la chronologie des œuvres de Vivaldi. Définition des périodes créatives stylistiques*, in *Vivaldi veneziano europeo*, a cura di Francesco Degrada («Quaderni vivaldiani», 1), Firenze, Olschki, 1980, pp. 25-35.

perciò sottoposte a una serie di interventi finalizzati a uniformare le varie pratiche notazionali locali alle proprie consuetudini editoriali, che prevedevano una integrazione della cifratura del basso continuo concepita come mera descrizione del moto delle voci superiori (spesso, come nel caso di Vivaldi, con esiti pletorici o estranei al gusto del compositore),[3] l'aggiunta di prescrizioni esecutive assenti negli originali (come l'uso delle indicazioni *solo* e *tutti* per evidenziare le variazioni nel *texture*), oppure la trascrizione per esteso delle abbreviazioni e delle tachigrafie o delle parti scritte in notazione di «bassetto» (vale a dire quei passaggi affidati agli archi acuti scritti in chiave di Fa, un'ottava sotto l'effetto reale, per indicare che stavano eseguendo una effettiva parte di basso).

Le uniche fonti del Concerto in Sol minore, RV 324, sono costituite dalla prima edizione del 1719 e dalle sue successive ristampe. Dopo il 1723, infatti, l'Op. VI fu ripubblicata dal successore di Estienne Roger, il genero Michel-Charles Le Cène, che fece semplicemente aggiungere il proprio nome sulle lastre originali. I primi due concerti della serie confluirono inoltre in una mirata antologia di concerti vivaldiani edita a Londra, per i tipi di Walsh e Hare, nel 1730, col titolo di *Select Harmony*. Poiché si tratta di un'edizione 'pirata', che riproduce in ogni minimo dettaglio il testo della *princeps* olandese, quest'ultima pubblicazione non è stata presa in considerazione nella preparazione di questa edizione critica.

Da un punto di vista musicale, il Concerto RV 324 si caratterizza per la grande compattezza formale dell'insieme. Il primo ritornello del suo Allegro iniziale, infatti, sfrutta un numero assai limitato di elementi caratteristici, come il salto melodico discendente di settima diminuita, l'anacrusi di varie figure strette e le *tirades* di trentaduesimi sui gradi della scala minore melodica ascendente. La sua struttura armonica, che non riesce mai a vincere la forza centripeta esercitata dalla tonica, prefigura inoltre una entità musicale che parafrasa, in miniatura, la struttura dell'intero brano. La tendenza a espandere l'area tonale riservata alla tonica in apertura e in chiusura di movimento, infine, è una delle caratteristiche che accomunano le forme ritornello degli Allegro di concerto vivaldiani composti nel primo decennio del secolo. Questa necessità, che sembra scaturire da un atteggiamento eccessivamente prudente nei confronti di una struttura formale ancora in via di definizione, fu in seguito sempre meno avvertita e Vivaldi tornò a servirsene, con ben altre finalità, nelle opere della maturità di più ampio respiro o connotate da una particolare opulenza dell'organico.

Il Grave mediano, in tempo di siciliana, richiama invece in maniera scoperta la struttura dell'aria coeva col *Da Capo*, in cui gli intercalari del solista sono incorniciati e inframezzati dai ritornelli affidati al continuo. L'Allegro conclusivo, tutto pervaso dalla severità del ritmo puntato, rivela infine alcuni marchi di fabbrica del linguaggio musicale del Prete rosso, come il tortuoso profilo melodico realizzato dal violino principale alla fine del secondo episodio solistico (bb. 44-47), che nell'immaginario vivaldiano è sovente associato all'idea tormentosa dell'incertezza e del dubbio.

---

[3] Per tale motivo la realizzazione del basso continuo offerto nella parte staccata si discosta talvolta dalla cifratura presente in partitura.

INTRODUCTION

The Concerto RV 324 belongs to the *VI Concerti a cinque strumenti*, Op. 6, by Antonio Vivaldi, which were published in Amsterdam by Jeanne Roger in 1719.[1] The title page of the collection, reproduced on the opening page of each partbook, reads:

VI CONCERTI à Cinque Stromenti, tre Violini, | Alto Viola e Basso Continuo | DI | D. ANTONIO VIVALDI | Musico di Violino, e Maestro de Concerti | del Pio Ospitale della Pietà di Venetia | OPERA SESTA | A AMSTERDAM | CHEZ JEANNE ROGER | N.° [plate number] 452.

The absence of a dedication and of the title of "maestro di cappella di camera" to the plenipotentiary governor of Mantua, Philip of Hesse-Darmstadt, at whose court Vivaldi resided from the spring of 1718, leads one to suppose that the edition was published without the participation, and perhaps even the explicit consent, of the composer. Indeed, the text is disfigured by a particularly high incidence of errors, and in general its structure diverges in a rather clear-cut manner from that of a publication modelled on traditional Vivaldian principles. These anomalies concern both the procedures governing the distribution of keys within the volume (which displays a clear predominance of minor keys, one of which is actually duplicated) and the great disparities in the technical demands made on the soloist.

The paucity of individual concertos in Op. 6 that circulated independently in manuscript form (only the second and the sixth) would appear to rule out the possibility that the publisher conceived and assembled the set independently, taking what he needed from the free musical market. He probably used, after first dismembering it, a collection of twelve works received directly from the composer or, seeing that the concertos preserved individually circulated exclusively in Germany, the edition was perhaps based on a manuscript of Vivaldi concertos sold to a German patron that somehow found its way to Amsterdam. At all events, the publication of Op. 6—which appeared four years after Op. 4 and eight years after Op. 3—perfectly reflects the trend in music publishing around that time, whereby the classic chamber genre of the first decade of the century, the trio sonata, was gradually losing ground to the more modern solo concerto.

On the whole, these six apparently unpretentious compositions mark a decisive step forward vis-à-vis Vivaldi's first two published sets of concertos: one characterized by a more precise definition and control of form and also by a more consistently applied emancipation of the solo instrument from its orchestral partners. Indeed, all six concertos adopt the three-movement cycle following the tempo sequence fast-slow-fast, while the occasional solo sorties of parts other than the principal violin, still present in Op. 4, are now completely missing. On the basis of the technical and formal characteristics of the six concertos it is reasonable to hypothesize a date lying between 1713 and 1715, thus towards the beginning of the stylistic period describable as "pre-Mantuan" according to the classification proposed by Jean-Pierre Demoulin.[2]

Moreover, this stylistic uniformity is complemented by a standardization in the methods by which the published product was processed and marketed. Indeed, with the aid of a network of agents and distributors scattered all over Europe, Roger aimed to reach an international clientele made up not only of expert professionals but also of less experienced amateurs. The works published on his premises were accordingly treated to a series of processes aimed at

---

[1]   A more detailed account of the historical, bibliographical and musical context of these concertos is given in the *Introduction* to the critical edition of the whole set, prepared by the present writer, which is published by Casa Ricordi with the catalogue number PR 1404.

[2]   JEAN-PIERRE DEMOULIN, *A propos de la chronologie des œuvres de Vivaldi. Définition des périodes créatives stylistiques*, in *Vivaldi veneziano europeo*, ed. Francesco Degrada ("Quaderni vivaldiani", 1), Florence, Olschki, 1980, pp. 25–35.

standardizing the various local notational practices in conformity with his own house style; these included the supplementation of the figuring of the basso continuo in the manner of a simple description of the motion of the upper parts (often, as in Vivaldi's case, with outcomes that were unnecessarily fussy or else foreign to the composer's taste),[2] the addition of performance directions absent from the originals (such as the use of the markings "Solo" and "Tutti" to indicate variations of texture), and the writing out in 'orthodox' fashion of abbreviations, shorthand forms or parts notated as 'bassetti' (that is, passages assigned to upper strings written in the bass clef an octave below actual sounds in order to show that the instruments were effectively supplying a bass part).

The sole sources for the Concerto in G minor, RV 324, are the first edition of 1719 and its later reprints. Indeed, after 1723 Op. 6 was republished by Estienne Roger's successor, his son-in-law Michel-Charles Le Cène, who merely substituted his own name on the original plates. The first two concertos of the set also appeared in a selection of Vivaldi concertos published in London in 1730 by Walsh and Hare under the title of *Select Harmony*. Since this is a 'pirated' edition that reproduces in every last detail the text of the Dutch first edition, this last publication has not been taken into consideration in the preparation of the present critical edition.

From a musical viewpoint, the Concerto RV 324 is distinguished by the great formal compactness of the whole. Thus the first ritornello of its opening Allegro employs a very limited number of characteristic elements, such as the descending melodic leap of a diminished seventh, the various rapid upbeat figures and the demisemiquaver *tirades* outlining a rising melodic minor scale. Moreover, its harmonic structure, which never succeeds in overcoming the centripetal force exerted by the tonic, forms a musical entity that paraphrases in miniature the course to be traversed by the entire movement. A tendency to expand the tonal area reserved for the tonic at the opening and close of the movement is, in fact, one of the features common to the ritornello forms employed in the Allegro movements of Vivaldi concertos composed in the first decade of the century. This habit, which seems to arise from an over-cautious approach towards a formal design still in the process of evolution, was later increasingly jettisoned, although Vivaldi returned to it, for quite different reasons, in the works of his maturity laid out on a larger scale or calling for an especially opulent performing ensemble.

In contrast, the central Grave, cast in the tempo and rhythm of a siciliana, openly recalls the structure of a contemporary *Da Capo* aria in which the solo episodes are framed and separated by ritornellos entrusted to the continuo. The final Allegro, which is dominated throughout by dotted rhythms, includes certain trademarks of the musical language of the Red Priest, such as the tortuous melodic line performed by the principal violin at the end of the second solo episode (bars 44–47), which in Vivaldi's lexicon of images is often associated with the oppressive idea of uncertainty or doubt.

---

[3] For this reason the realization of continuo part is sometimes different from the figures in the score.

CONCERTO

RV 324

Antonio Vivaldi
Concerto per violino,
archi e basso continuo RV 324 (Op. VI n. 1)
A cura di / Edited by Alessandro Borin

partitura

2

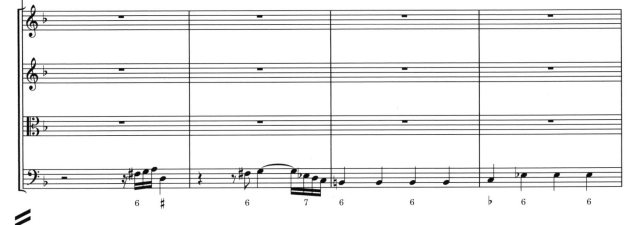

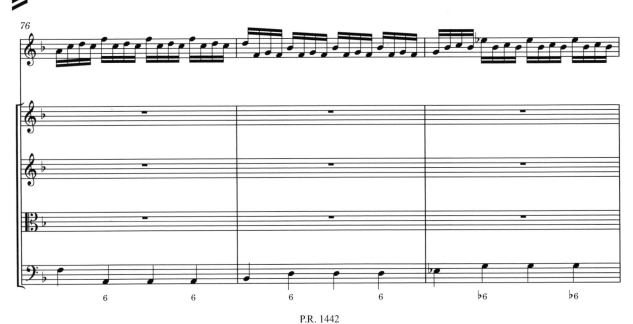

10

Allegro

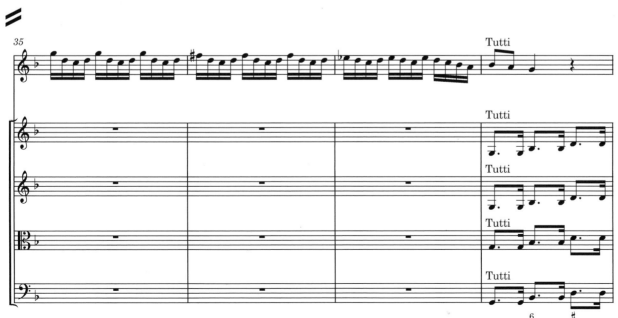

14

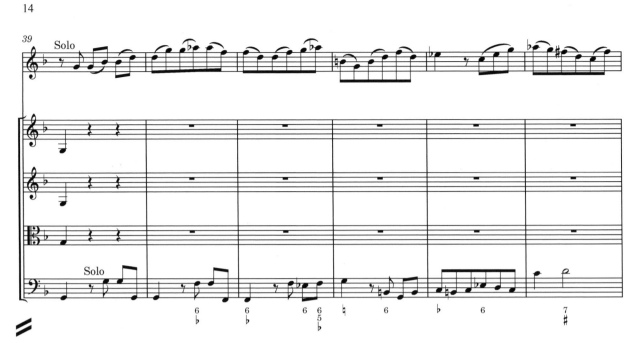

P.R. 1442

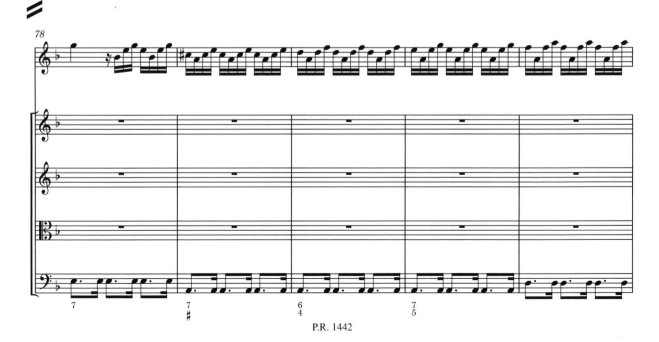

APPARATO CRITICO

Le note critiche si riferiscono alla fonte principale dell'edizione, la pubblicazione di Jeanne Roger del 1719 di cui sono stati consultati tutti gli esemplari completi superstiti.

movimento, battuta	parte	note
I, 7	Basso	Cifra per la nota 7: «6/4».
I, 10, 27	Basso	Cifra per la nota 2: «6», modificata conforme al passo parallelo di b. 85. Soppresso il «4» per la nota 3.
I, 12	Vla	Nota 4 Sol$_2$.
I, 12	Basso	Cifra per la nota 4: «6/4»; analogamente alle bb. 29 e 87.
I, 18	Basso	Cifra per la nota 1: «6».
I, 20	Basso	Cifra per la nota 5: «6». Bequadro (forse in errore per un bemolle di cortesia) davanti alla nota 10.
I, 25	Basso	«Tutti» allineato con la nota 1.
I, 27	Basso	Cifra per la nota 2: «6/5».
I, 29	Vl pr, Vl I, Vl II	Nel passo parallelo di b. 12 la nota 3 è scritta un'ottava sotto (Re$_3$); tuttavia, dal momento che questo tipo di varianti ricorre con una certa frequenza nella musica di Vivaldi, la lezione della fonte è stata mantenuta.
I, 46-47	Basso	La legatura congiunge la nota 9 di b. 46 alla nota 4 di b. 47, probabilmente perché l'incisore ha usato il punzone sbagliato (da otto note invece di quattro).
I, 56	Basso	«Solo» allineato con la nota 1.
I, 57	Basso	Cifre per le note 4 e 5 rispettivamente «7-6» e «6/5».
I, 59	Basso	Le cifre per le note 4-6 sono rispettivamente «7-6», «6/5» e «4».
I, 68	Basso	Cifra per la nota 3: «6».
I, 79	Basso	Cifra per la nota 6 allineata alla nota 7.
I, 83	Basso	Cifra per la nota 1: «6/4».
II, 3	Basso	Note 5-9 scritte una seconda sopra, probabilmente un 'errore di ripetizione' verificatosi perché l'occhio del copista scivolò inconsapevolmente sulle note corrispondenti della precedente b. 2.
II, 11	Basso	Cifra per il terzo tempo: «6/♮».
II, 12	Basso	Bequadro in luogo del diesis nella cifra per la nota 1.
II, 13	Basso	Cifra per la nota 7: «6/4».
II, 18	Basso	Il bequadro della cifra allineato con la nota 1.
II, 26	Basso	Note 1-4 scritte una seconda sotto, probabilmente a causa di un lapsus.

III, 9	Basso	Cifra per la nota 3: «♮6».
III, 15	Basso	Cifra per la nota 1: «6».
III, 19-21	Basso	Le cifre del Basso sono chiaramente 'fittizie' e pertanto non dovrebbero essere armonizzate: è consigliabile un'esecuzione a «tasto solo» o con la mano destra che raddoppia la sinistra all'ottava superiore. Analogamente alle bb. 38, 66, 68, 70, 72 e 113-116.
III, 48	Basso	Cifra per la nota 2: «6/4».
III, 67-72	Vl II	Il Vl II raddoppia la parte del Vl pr anziché quella del Vl I (è probabile che il copista abbia frainteso un'indicazione di raddoppio all'unisono del Vl I presente nel modello di cui si servì).
III, 114	Vl pr, Vl I, Vla, Basso	La nota 1 è Sol_3 nelle parti del Vl pr, Vl I (ma non del Vl II, che ha il Mi_3 bemolle corretto) e Vla e Sol_2 in quella del Basso; modificate conforme al passo parallelo di b. 20.
III, 116	Vl I, Vl II	La nota 1 è Si_2 (bemolle) nella parte del Vl I e Re_3 in quella del Vl II; modificate conforme al passo parallelo delle bb. 21-22.

CRITICAL COMMENTARY

The critical notes refer to the main source used for the edition, the publication of Jeanne Roger (1719), of which all the complete surviving examples have been consulted.

movement, bar	part	notes
I, 7	Basso	Note 7 figured "6/4".
I, 10, 27	Basso	Note 2 figured "6"; altered to conform to the parallel passage in bar 85. The figure "4" for note 3 has been omitted.
I, 12	Vla	Note 4 *g*.
I, 12	Basso	Note 4 figured "6/4"; similarly in bars 29 and 87.
I, 18	Basso	Note 1 figured "6".
I, 20	Basso	Note 5 figured "6". Natural (perhaps in error for a precautionary flat) before note 10.
I, 25	Basso	"Tutti" aligned with note 1.
I, 27	Basso	Note 2 figured "6/5".
I, 29	Vl pr, Vl I, Vl II	In the parallel passage of bar 12 note 3 is written an octave lower (*d'*); however, since variants of this kind appear quite frequently in Vivaldi's music, the reading of the source has been retained.
I, 46–47	Basso	The slur joins note 9 of bar 46 to note 4 of bar 47, probably because the engraver used an incorrect punch (for eight notes instead of four).
I, 56	Basso	"Solo" aligned with note 1.
I, 57	Basso	Notes 4 and 5 figured respectively "7-6" and "6/5".
I, 59	Basso	Notes 4–6 figured respectively "7-6", "6/5" and "4".
I, 68	Basso	Note 3 figured "6".
I, 79	Basso	The figure for note 6 is aligned with note 7.
I, 83	Basso	Note 1 figured "6/4".
II, 3	Basso	Notes 5–9 written a second too high, probably on account of an 'error of repetition' that occurred when the eye of the copyist wandered accidentally to the corresponding notes in the preceding bar 2.
II, 11	Basso	The third beat is figured "6/♮".
II, 12	Basso	Sharp, in error for natural, in the figure for note 1.
II, 13	Basso	Note 7 figured "6/4".
II, 18	Basso	The natural pertaining to the figure for note 2 is aligned with note 1.
II, 26	Basso	Notes 1–4 written a second lower, probably through a slip.
III, 9	Basso	Note 3 figured "♮6".

III, 15	Basso	Note 1 figured "6".
III, 19–21	Basso	The bass figures are clearly 'fictive', and the passage should remain un-harmonized: *tasto solo* performance or doubling by the right hand an octave above is recommended. Similarly in bars 38, 66, 68, 70, 72 and 113–116.
III, 48	Basso	Note 2 figured "6/4".
III, 67–72	Vl II	Vl II doubles the part of Vl pr rather than that of Vl I (it appears that the copyist misinterpreted an instruction for the doubling of Vl I at the unison in his copy text).
III, 114	Vl pr, Vl I, Vla, Basso	Note 1 is *g′* in Vl pr and Vl I (but not in Vl II, which has the correct *e′ flat*) and Vla, but *g* in Basso; altered to conform to the parallel passage in bar 20.
III, 116	Vl I, Vl II	Note 1 is *b* (*flat*) in Vl I but *d′* in Vl II; altered to conform to the parallel passage in bars 21–22.

ISBN 978-88-8192-019-8

9 788881 920198

ISMN 979-0-041-91442-8

9 790041 914428

PR 1442